अर्चना

(सूर्यकान्त त्रिपाठी 'निराला' की कविताएँ)

अर्चना

सूर्यकान्त त्रिपाठी 'निराला'

लोकभारती प्रकाशन

लोकभारती प्रकाशन
पहली मंजिल, दरबारी बिल्डिंग, महात्मा गांधी मार्ग
प्रयागराज-211 001

वेबसाइट : www.lokbhartiprakashan.com
ईमेल : info@lokbhartiprakashan.com

शाखाएँ : 1-बी, नेताजी सुभाष मार्ग, दरियागंज
नई दिल्ली-110 002
अशोक राजपथ, साइंस कॉलेज के सामने
पटना-800 006
1, अनमोल सोराबजी संतुक लेन, धोबी तलाव,
मरीन लाइंस, मुम्बई-400 002

इस रूप में पहला संस्करण : 2015
तीसरा संस्करण : 2024

बी.के. ऑफसेट
नवीन शाहदरा, दिल्ली-110 032
द्वारा मुद्रित

ARCHNA
by Suryakant Tripathi 'Nirala'

ISBN : 978-81-8031-806-1

मूल्य : ₹ 495

सत्योक्ति

प्रचलित कुल तालों से समन्वित 'अर्चना' नामक आधुनिक गीतों का संग्रह, ईश्वर की इच्छा से प्रस्तुत होकर, पाठक-पाठिकाओं के सम्मुख उपस्थित है; परीक्षण में उत्तीर्ण होने पर हम श्रम को सार्थक समझेंगे। यह पुस्तिका के बहिरंग की व्यापारिक बात हुई, जिस पर आश्रम-जीवन की दिनचर्या, भोजन-पान आदि निर्भर है, अन्तरङ्ग विषय यौवन से अतिक्रान्त कवि के परलोक से सम्बद्ध है, इसलिए यहाँ सम्मति का फल निष्काम में ही होगा। रससिद्धि की परताल कीजियेगा तो कहना होगा कि हिन्दी के भाषा-साहित्य में ज्ञानी और भक्त कवियों की पंक्ति बैठी हुई है, जिनकी रचनाएँ साधारण जनों के जिह्वाग्र से अमृत की धारा बहा चुकी हैं, ऐसी अवस्था में लोकप्रियता की सफलता दुराशामात्र है। अतः यहाँ प्राचीन परम्परा से इतना ही कहना पर्याप्त होगा कि—

भाव कुभाव अनख आलसहू;
राम जपत मंगल दिसि दसहू।

गीत के साथ गले का सम्बन्ध पहला है। प्रस्तुत गीतों की तद्वत् सफलता के न होने का कारण खड़ीबोली का पाठ; इसलिए गले से सफलतापूर्वक न उतर जाना है। साधारणजन देहातों में यह भाषा नहीं बोलते। उनके गले और आधुनिक शरीर की नेमि अभी तक मँजकर मसृण नहीं हुई। खड़ीबोली की गाड़ी के और चलते रहने की आवश्यकता है; ये गीत जैसे उसी की पूर्ति करते हैं। यथाशक्ति सुरक्षित शब्दों की शृंखला रखी गयी है जो सहज ही उच्चरित हो जाय, जिससे आधुनिक गीतों की मेड़ें और स्वर-कम्पन प्राचीन शब्दोच्चारण की दीवारों को पार करके अपनी सत्यता पर समासीन हों। दो-एक उदाहरण मुखोच्चारणवाले हम देते हैं—

तुम्हारे छाँह है, छल है;
तुम्हारे बाल है, बल है;
× × ×
बाँधों न नाव इस ठाँव बन्धु;
पूछेगा सारा गाँव बन्धु!

ब्रजभाषा-संगीत में 'सा' और 'ना' के भिन्न उच्चारण नहीं। खड़ीबोली में इसकी भी विपुलता है। 'भव-अर्णव की तरणी तरुणा' पद्य के 'ण' को 'न' उच्चारित करने पर खड़ीबोली का सिंगार बिगड़ जायगा, मगर ब्रजभाषा का संगीतमय रूप खड़ा हो जायगा। चूँकि खड़ीबोली देशभर की साहित्यिक भाषा बन चुकी है, इसलिए ब्रजभाषा अनुकूलता की पूर्वी-उच्चारण-पद्धति ही ग्राह्य नहीं। पंजाब आदि प्रान्त 'न' के उच्चारण में 'ण' की प्रधानता रखते हैं, इसलिए गीतों की एकदेशिकता नहीं रह सकी। उर्दू की ग़ज़लों में 'ण' का एकान्त अभाव है। अंग्रेजी में भी इसका उच्चारण नहीं है। उच्चारण-विज्ञान में तत्तद् भाषाओं की यह कमी है। हमारा अंग्रेजी से घनिष्ठ सम्बन्ध था, जिसका परिचय, पढ़ाई की कोताही से जितना छिपाया गया था कविता के प्रकारण-प्रकाशन से उतना ही बताया गया। हम यहाँ केवल उच्चारण-विज्ञान की एक बात पर कह रहे हैं। हमारे अंग्रेजी के प्रशंसक कलकत्ता, मद्रास, बम्बई, लखनऊ आदि के विद्वान् मित्र अन्तर्जातीय अंग्रेजी के सम्बन्ध में पूर्ववत् हिमायती समझने की कृपा करें, साथ ही इतना जोड़े रहें कि हमारा हिन्दी के साथ, संस्कृत आदि उसकी बहनों, माओं और मातामहियों से भी परिचय और श्रद्धाभाव है।

इस सत्योक्ति को विशालता न देकर रसानुग्रहणलिप्सुओं से हमारा कालिदासवाला भ्रमर-वेदन ही है; वे उसी तरह गीत पुष्पाधरों से लगें। शृङ्गार के लिए क्षमा :–

"चलापाङ्गा दृष्टिं स्पृशसि बहुशो वेपथुमतीम्
रहस्याख्यायीव स्वनसि मृदु कर्णान्तिकचरः।
करौ व्याधुन्वत्याः पिबसि रतिसर्वस्वमधरम्,
वयं शान्त्रान्वेषाण्मधुकर हतास्त्वं खलु कृती।"

—निराला

कला मन्दिर
दारागंज प्रयाग।
26.08.50

दो शब्द

पूज्य पिता महाप्राण पं. सूर्यकान्त त्रिपाठी 'निराला' की मृत्यु गत वर्ष 15 अक्टूबर, 1961 को एक लम्बी अवधि की अस्वस्थता के साथ हुई। महाप्राण के अवसान का दिवस हिन्दी-संसार के लिए अत्यन्त शोक का दिवस माना गया। महाप्राण का एकमात्र पुत्र होने के कारण मेरे उत्तरदायित्व सहज रूप से बढ़ गये। सबसे बड़ा उत्तरदायित्व यदि था तो यह कि उनकी कृतियों के पुनर्प्रकाशन की व्यवस्था करना। कुछ प्रकाशकों ने उनकी कृतियों के प्रकाशन में जिस दरिद्रता का परिचय प्रस्तुत किया था वह महाप्राण के व्यक्तित्व के अनुरूप नहीं था, इस बात से सम्भवत: मेरे सभी शुभचिन्तकगण सहमत होंगे। अनेक कृतियों के प्रकाशकों ने पुनर्मुद्रण की भी व्यवस्था नहीं की तथा प्रचार-प्रसार के कार्य को भी स्थगित कर रखा। ऐसी परिस्थितियों में यह आवश्यक था कि महाप्राण के देहावसान के पश्चात् मैं इन त्रुटियों को अपनी दृष्टि में रखकर कुछ कार्य करूँ ताकि मेरे दायित्वों के प्रति कोई भी हिन्दी-प्रेमी उँगली न उठा सके।

महाप्राण के देहावसान के एक वर्ष के भीतर ही मेरे निर्देशानुसार उनकी यह कृति सुन्दर सुसज्जित रूप में हिन्दी-संसार के सम्मुख प्रस्तुत हो रही है। मैं भलीभाँति इस बात से सुपरिचित हूँ कि अनेक शुभचिन्तक अनेक प्रकार की बातें मेरे समक्ष प्रस्तुत करेंगे, मैं उन्हें सुझावों के लिए आमन्त्रित करता हूँ ताकि मेरा पथ-निर्देश होता रहे।

प्रस्तुत प्रकाशित कृति की आलोचना प्रस्तुत करना मेरा उद्देश्य नहीं है, इतना ही कहना पर्याप्त होगा कि इस कृति को हिन्दी के अध्येताओं ने साहित्य की उपलब्धि माना है। हिन्दी के पाठक, विद्वान्

जिस प्रकार महाप्राण की कृतियों को जो सहज महत्त्व प्रदान करते रहे उसी प्रकार वे अभी भी सहयोगपूर्ण महत्त्व देते रहेंगे, ऐसी मुझे आशा है।

14 अक्टूबर, 1962 —रामकृष्ण त्रिपाठी
22 बस्की खुर्द
दारागंज, प्रयाग

क्रम

अर्चना

1

•••

भव-अर्णव की तरणी तरुणा।
बरसीं तुम नयनों से करुणा।

हार हारकर भी जो जीता,
सत्य तुम्हारी गायी गीता,
हुईं असित जीवन की सीता,
दाव-दहन की श्रावण-वरुणा,

काटे कटी नहीं जो कारा
उसकी हुईं मुक्ति की धारा,
वार वार से जो जन हारा,
उसकी सहज साधिका अरुणा।

12 जनवरी, '50

2

तन की, मन की, धन की हो तुम।
नव जागरण, शयन की हो तुम।

काम कामिनी कभी नहीं तुम,
सहज स्वामिनी सदा रहीं तुम,
स्वर्ग–दामिनी नदी बहीं तुम,
अनयन नयन–नयन की हो तुम।

मोह - पटल - मोचन आरोचन,
जीवन कभी नहीं जन - शोचन,
हास तुम्हारा पाश - विमोचन,
मुनि की मान, मनन की हो तुम।

गहरे गया, तुम्हें तब पाया,
रहीं अन्यथा कायिक छाया,
सत्य भास की केवल माया,
मेरे श्रवण–वचन की हो तुम।

12 जनवरी, '50

3

भज भिखारी, विश्वभरणा,
सदा अशरण - शरण - शरणा।

मार्ग है पर नहीं आश्रय;
चलन है, पर निर्दलन - भय;
सहित - जीवन मरण - निश्चय;
कह सतत जय - विजय - रणना।

पतित को सित हाथ गहकर
जो चलाती हैं सुपथ पर,
उन्हीं का तू मनन कर कर
पकड़ निश्शर - विश्वतरणा।

पार पारावार कर तू,
मर विभव से, अमर वर तू,
रे असुन्दर, सुघर घर तू,
एक तेरी तपोवरणा।

12 जनवरी, '50

4

समझा जीवन की विजया हो।
रथी दोषरत को दलने को,
विरथ व्रती पर सती दया हो।

पता न फिर भी मिला तुम्हारा,
खोज-खोजकर मानव हारा;
फिर भी तुम्हीं एक ध्रुवतारा,
नैश पथिक की पिक अभया हो।

ऋतुओं के आवर्त-विवर्तों,
लिये चलीं जो समतल-गर्तों,
खुलती हुई मर्त्य के पर्तों,
कला सफल तुम विमलतया हो।

12 जनवरी, '50

5

पंक्ति-पंक्ति में मान तुम्हारा।
भुक्ति-मुक्ति में गान तुम्हारा।

आँख-आँख पर भाव बदलकर,
चमके हो रँग-छवि के पल-भर,
पुनः खोलकर हृदय-कमल कर,
गन्ध बने, अभिधान तुम्हारा।

विपुल-पुलक व्याकुल अलि के दल,
मानव मधु के लिए समुत्कल
उठे ज्योति के पंख खमण्डल,
अन्तस्तल अभियान तुम्हारा।

बैठे हृदयासन स्वतन्त्र-मन,
किया समाहित रूप-विचिन्तन,
नृम्न मृणमरण बचे विचक्षण,
ज्ञान-ज्ञान शुभ स्थान तुम्हारा।

13 जनवरी, '50

6

दुरित दूर करो नाथ,
अशरण हूँ, गहो हाथ।

हार गया जीवन-रण,
छोड़ गये साथी-जन,
एकाकी, नैश-क्षण,
कण्टक-पथ, विगत पाथ।

देखा है, प्रात किरण,
फूटी है मनोरमण,
कहा, तुम्हीं को अशरण-
शरण, एक तुम्हीं साथ।

जब तक शत मोह जाल
घेर रहे हैं कराल-
जीवन के विपुल व्याल,
मुक्त करो, विश्वनाथ!

13 जनवरी, '50

7

भव–सागर से पार करो हे!
गह्वर से उद्धार करो हे!

कृमि से पतित जन्म होता है,
शिशु दुर्गन्ध–विकल रोता है,
ठोकर से जगता–सोता है,
प्रभु उसका निर्वार करो हे!

पशुओं से संकुल सन्तुल जग,
अहंकार के बाँध बँधा मग,
नहीं डाल भी जो बैठे खग,
ऐसे तल निस्तार करो हे!

विपुल काम के जाल बिछाकर,
जीते हैं जन जन को खाकर
रहूँ कहाँ मैं ठौर न पाकर,
माया का संहार करो हे!

13 जनवरी, '50

8

रमण मन के, मान के तन!
तुम्हीं जग के जीव-जीवन!

तुम्हीं में है महामाया,
जुड़ी छुटकर विश्वकाया;
कल्पतरु की कनक - छाया
तुम्हारे आनन्द - कानन।

तुम्हारी स्वर्सरित बहकर
हर रही है ताप दुस्तर;
तुम्हारे उर हैं अमर-मर,
दिवाकर, शशि, तारकागण।

तुम्हीं से ऋतु घूमती है,
नये कलि-दल चूमती है,
नये आसव झूमती है,
नये गीतों, नये नर्तन!

14 जनवरी, '50

9

बन जाय भले शुक की उक से,
सुख की दुख से अवनी न बनी;
रुक जाय चली गति जो जग की,
जन से जन–जीवन की न ठनी।

बिगड़ी बनती बन जाय सही,
डगड़ी गड़ती गड़ जाय मही;
कटती पटती पट जाय तही,
तन की मन से तनती न तनी।

सब लोग भले भिड़ जायँ यहाँ,
न चले जो गले छिड़ जायँ यहाँ,
जो चढ़े सिर थे, चिढ़ जायँ यहाँ,
जो गिरा उसकी न गिरी लवनी।

15 जनवरी, '50

10

लगी लगन, जगे नयन;
हटे दोष, छुटा अयन;

दुर्मिल जो कुछ ऊर्मिल
मिल-मिलकर हुआ अखिल,
धुल-धुलकर कुल पंकिल
घुला एक रस अशयन।

छुटे सभी विषम बन्ध
विषमय वासना-अन्ध;
संशय की गयी गन्ध,
शय-निश्चय किया चयन।

कामना विलीन हुई,–
सभी अर्थ क्षीण हुई,
उद्धत शिति दीन हुई,
दिखा नवल विश्व-वयन।

15 जनवरी, '50

11

शिशिर की शर्वरी
हिंस्र पशुओं भरी।

ऐसी दशा विश्व की विमल लोचनों
देखी, जगा त्रास, हृदय संकोचनों
काँपा कि नाची निराशा दिगम्बरी।

मातः, किरण हाथ प्रातः बढ़ाया
कि भय के हृदय से पकड़कर छुड़ाया,
चपलता पर मिली अपल थल की तरी।

15 जनवरी, '50

12

आशा - आशा मरे
लोग देश के हरे!

देश पड़ा है जहाँ,
सभी झूठ है वहाँ,
भूख - प्यास सत्य,
होंठ सूख रहे हैं अरे!

आस कहाँ से बँधे?
साँस कहाँ से सधे?
एक - एक दास,
मनस्काम कहाँ से सरे?

रूप - नाम हैं नहीं,
कौन काम तो सही?
मही - गगन एक,
कौन पैर तो यहाँ धरे?

15 जनवरी, '50

13

छाँह न छोड़ी,
तेरे पथ से उसने आस न तोड़ी।

शाख-शाख पर सुमन खिले,
हवा-हवा से हिले मिले,
उर-उर फिर से भरे, छिले,
लेकिन उसने सुषमे, आँख न मोड़ी।

कहीं आव, कहीं है दुराव,
कहीं बढ़े चलने का चाव,
पाप-ताप लेने का दाव,
कहीं बढ़े-बढ़े हाथ घात निगोड़ी।

16 जनवरी, '50

14

साधो मग डगमग पग,
तमस्तरण जागे जग।

शाप शयन सो-सोकर,
हुए शीर्ण खो-खोकर,
अनवलाप रो-रोकर,
हुए चपल छलकर ठग।

खोलो जीवन-बन्धन,
तोलो अनमोल नयन,
प्राणों के पथ पावन,
रँगो रेणु के रँग रग।

16 जनवरी, '5

15

सोयीं अखियाँ:
तुम्हें खोजकर बाहर,
हारीं सखियाँ।

तिमिरवरण हुईं इसलिए,
पलकों के द्वार दे दिये,
अन्तर में अकपट,
हैं बाहर पखियाँ।

प्रार्थना प्रभाती जैसी,
खुलें तुम्हारे लिये वैसी,
भरें सरस दर्शन से
ये कमरखियाँ।

17 जनवरी, '50

16

तिमिरदारण मिहिर दरसो।
ज्योति के कर अन्ध कारा-
गार जग का सजग परसो।

खो गया जीवन हमारा,
अन्धता से गत सहारा;
गात के सम्पात पर उत्थान
देकर प्राण बरसो।

क्षिप्रतर हो गति हमारी,
खिले प्रति-कलि-कुसुम-क्यारी,
सहज सौरभ से समीरण पर
सहस्रों किरण हरसो।

17 जनवरी, '50

17

तुम जो सुथरे पथ उतरे हो,
सुमन खिले, पराग बिखरे, ओ!

ज्योतिश्छाय केश-मुखवाली,
तरुणी की सकरुण कलिका ली,
अधर - उरोज - सरोज - वनाली,
अश्रु-ओस की भेंट भरे हो।

पवन-मन्द-मृदु-गन्ध प्रवाहित,
मधु-मकरन्द सुमन-सर-गाहित
छन्द-छन्द-सरि-तरि उत्साहित,
अवनि-अनिल-अम्बर सँवरे हो।

स्वर्ण-रेणु के उदयाचल-रवि,
दुपहर के खरतर ज्योतिश्छवि,
हे उर-उर के मुखर-मधुर कवि,
निःस्व विश्व को तुम्हीं वरे हो।

17 जनवरी, '50

18

जिनकी नहीं मानी कान
रही उनकी भी जी की।

जीवन की आन-बान
तभी दुनिया की फीकी।
राह कभी नहीं भूली तुम्हारी,
आँख से आँख की खायी कटारी,
छोड़ी जो बाँधी अटारी-अटारी
नयी रोशनी, नयी तान;
रही उनकी भी जी की,
जिनकी नहीं मानी कान।

17 जनवरी, '50

19

दीप जलता रहा,
हवा चलती रही,
नीर पलता रहा,
बर्फ गलती रही।

जिस तरह आग
वन में लगी हुई है–
एकता में सरस
भास है – दुई है,–
सत्य में भ्रम हुआ है,–
छुईमुई है,
मन बढ़ता रहा,
उम्र ढलती रही।

समय की बाट पर
हाट जैसे लगी,–
मोल चलता रहा,
झोल जैसे दगी,–
पलक दल रुक गये,
आँख जैसे लगी,–
काल खलता रहा,
कला फलती रही।

17 जनवरी, '50

20

आँख लगायी
तुमसे जब से, हमने चैन न पायी।

छल जो, प्राणों का सम्बल हुआ,
प्राणों का सम्बल निष्फल हुआ,
जंगल रमने का मंगल हुआ,
ज्योति जहाँ वहाँ अँधेरी घिर आयी।

राह रही जहाँ वहाँ पन्थ न सूझा,
चाह रही जहाँ वहाँ एक न बूझा,
ऐसी तलवार चली कुनबा जूझा,
बन आयी वह कि दूर हुई सगाई।

18 जनवरी, '50

21

दो सदा सत्संग मुझको०।
अनृत से पीछा छुटे,
तन हो अमृत का रंग, मुझको०,

अशन-व्यसन तुले हुए हों,
खुले अपने ढंग,
सत्य अभिधा साधना हो,
बाँधना हो व्यंग, मुझको०,

लगें तुमसे तन-वचन-मन,
दूर रहे अनंग,
बाढ़ के जल बढ़ूँ, निर्मल,
मिलूँ एक उमंग, मुझको०,

शान्त हों कुल धातुएँ ये
बहे एक तरंग;
रूप के गुण गगन चढ़कर,
मिलूँ तुमसे, ब्रह्म, मुझको०,

17 जनवरी, '50

22

चंग चढ़ी थी हमारी,
तुम्हारी डोर न टूटी,
आँख लगी जो हमारी,
तुम्हारी कोर न छूटी।

जीवन था बलिहार,
तुम्हारा पार न आया;
हार हुई थी हमारी,
तुम्हारी जोत न फूटी।

ज्ञान गया ऐ हमारा,
तुम्हारा मान नया था,
हाथ उठा जो हमारा,
तुम्हारी रास न लूटी।

पैर बढ़े थे हमारे,
तुम्हारे द्वार खुले थे,
दर्शन चाहा हमारा,
तुम्हारी, जीवन-घूटी।

18 जनवरी, '50

23

नयन नहाये
जब से उसकी छवि में रूप बहाये।

साथ छुटा स्वजनों का,
पाँख फिर गयी,
चली हुई पहली वह
राह घिर गयी,
उभड़ा उर चलने को
जिस पुर आये।

कण्ठ नये स्वर से क्या
फूटकर खुला!
बदल गयी आँख, विश्व-
रूप वह धुला!
मिथ्या के भास सभी,
कहाँ समाये!

18 जनवरी, '50

24

रंगभरी किस अंग भरी हो?
गातहरी किस हाथ बरी हो?
जीवन के जागरण-शयन की,
श्याम-अरुण सित-तरुण-नयन की,
गन्ध-कुसुम-शोभा उपवन की,
मानस-मानस में उतरी हो;
जोबन-जोबन से सँवरी हो।

जैसे मैं बाजार में बिका
कौड़ी मोल; पूर्ण शून्य दिखा;
बाँह पकड़ने की साहसिका,
सागर से उत्तीर्ण तरी हो,
अल्पमूल्य की वृद्धिकरी हो।

19 जनवरी, '50

25

सरल तार, नवल गान,
नव-नव स्वर के वितान।

जैसे नव ऋतु, नव कलि,
आकुल नव-नव अञ्जलि,
गुञ्जित अलि-कुसुमावलि,
नव - नव - मधु - गन्ध - पान।

नव रस के कलश उठे,
जैसे फल के, असु के,–
नव यौवन के वसु के
नव जीवन के प्रदान।

उठे उत्स, उत्सुक मन,
देखे वह मुक्त गगन,
मुक्त धरा, मुक्तानन,
मिला दे अदिव्य प्राण।

19 जनवरी, '50

26

पार संसार के,
विश्व के हार के,
दुरित संभार के
नाश हो क्षार के।

सविध हो वैतरण,
सुकृत - कारण - करण,
अरण - वारण - वरण,
शरण सञ्चार के।

तान वह छेड़ दी
सुमन की, पेड़ की,
तीन की, डेढ़ की,
तार के हार के!

वारवनिता विनत,
आ गये तथागत,
अप्रहत, स्नेह–रत,
मुक्ति के द्वार के।

19 जनवरी, '50

27

प्रथम बन्दूँ पद विनिर्मल,
परा-पथ पाथेय पुष्कल।

गणित अगणित नूपुरों के,
ध्वनित सुन्दर स्वर सुरों के,
सुरञ्जन गुञ्जन पुरों के,
कला निस्तल की समुच्छल।

वासना के विषम शर से
बिंधे को जो छुआ कर से,
शत समुत्सुक उत्स बरसे,
गात गाथा हुई उज्ज्वल।

खुली अन्त:किरण सुन्दर,
दिखे गृह, वन, सरित, सागर,
हँसे खुलकर हार-बाहर,
अजन जन के बने मङ्गल।

20 जनवरी, '50

28

पैर उठे, हवा चली।
उर-उर की खिली कली।

शाख-शाख तनी तान,
विपिन-विपिन खिले गान,
खिंचे नयन-नयन प्राण,
गन्ध-गन्ध सिंची गली।

पवन-पवन पावन है
जीवन-वन सावन है,
जन-जन मनभावन है,
आशा सुखशयन-पली।

दूर हुआ कलुष - भेद,
कण्टक निस्पन्द छेद,
खुले सर्ग, दिव्य वेद,
माया हो गयी भली।

18 जनवरी, '50

29

और न अब भरमाओ,
पौर आओ, तुम आओ!

जी की जो तुमसे चटकी है,
बुद्धि-शुद्धि भटकी-भटकी है;
और जनों की लट अटकी है,

ऐसे अकेले बचाओ,
छोड़कर दूर न जाओ!

खाली पूरे हाथ गये हैं,
ऊपर नये-नये उनये हैं,
सुख से मिलें जो दुख-दुनये हैं,

बेर न वीर लगाओ,
बढ़ाकर हाथ बँटाओ!

20 जनवरी, '50

30

दे न गये बचने की
साँस, आस ले न गये।

रह-रहकर मारे पर
यौवन के ज्वर के शर
नव-नव कल-कोमल कर
उठे हुए जो न नये।

फागुन के खुले फाग
पाये जो सिन्धु-राग
दल के दल भरमाये
पातों से जो न छये।

गले-गले मिलने की,
कटी हुई सिलने की,
पड़ी हुई झिलने की,
आ बीती खड़े-खड़े।

21 जनवरी, '50

31

अलि की गूँज चली द्रुम-कुञ्जों।

मधु के फूटे अधर-अधर धर
भरकर मुदे प्रथम गुञ्जित-स्वर,
छाया के प्राणों के ऊपर
पीली ज्वाल पुञ्ज की पुञ्जों।

उल्टी-सीधी बाल सँवरकर
काटे आये हाथ उतरकर,
बैठे साहस के आसन पर
भुज-भुज के गुण गाये गुञ्जों।

21 जनवरी, '50

32

आज प्रथम गायी पिक पञ्चम।
गूँजा है मरु विपिन मनोरम।

मरुत-प्रवाह, कुसुम-तरु फूले,
बौर-बौर पर भौंरे भूले,
पात-गात के प्रमुदित झूले,
छायी सुरभि चतुर्दिक् उत्तम।

आँखों से बरसे ज्योतिःकण,
परसे उन्मन-उन्मन उपवन,
खुला धरा का पराकृष्ट तन,
फूटा ज्ञान गीतमय सत्तम।

प्रथम वर्ष की पाँख खुली है,
शाख-शाख किसलयों तुली है,
एक और माधुरी घुली है,
गीत-गन्ध-रस-वर्णों अनुपम।

21 जनवरी, '50

33

फूटे हैं आमों में बौर,
भौंर वन-वन टूटे हैं।
होली मची ठौर-ठौर,
सभी बन्धन छूटे हैं।

फागुन के रंग राग,
बाग-वन फाग मचा है,
भर गये मोती के झाग,
जनों के मन लूटे हैं।

माथे अबीर से लाल,
गाल सेंदुर के देखे,
आँखें हुई हैं गुलाल,
गेरू के ढेले कूटे हैं।

21 जनवरी, '50

34

खेलूँगी कभी न होली
उससे जो नहीं हमजोली।

यह आँख नहीं कुछ बोली,
यह हुई श्याम की तोली,
ऐसी भी रही ठठोली,
गाढ़े-रेशम की चोली–

अपने से अपनी धो लो,
अपना घूँघट तुम खोलो,
अपनी ही बातें बोलो,
मैं बसी परायी टोली।

जिनसे होगा कुछ नाता,
उनसे रह लेगा माथा,
उनसे हैं जोड़ू - जाँता,
मैं मोल दूसरे मोली

22 जनवरी, '50

35

प्यास लगी है, बुझाओ,
अमृत के घूँट पिलाओ।

समझा है अपना सपना है;
कुटिया में तपना-तपना है,
निठुर शीत-जल में कँपना है,
मुरझी आस जिलाओ-
अमृत के घूँट पिलाओ।

छूते कनक-किरन फूटेगी,
कड़ी अँधेरे की टूटेगी,
उर से कठिन भीति छूटेगी,
मूँदा कमल खिलाओ-
अमृत के घूँट पिलाओ।

22 जनवरी, '50

36

केशर की, कलि की पिचकारी:
पात-पात की गात सँवारी।

राग-पराग-कपोल किये हैं,
लाल-गुलाल अमोल लिये हैं,
तरु-तरु के तन खोल दिये हैं,
आरती जोत-उदोत उतारी-
गन्ध-पवन की धूप धवारी।

गाये खग-कुल-कण्ठ गीत शत,
संग मृदंग तरंग-तीर-हत,
भजन मनोरंजन-रत अविरत,
राग-राग को फलित किया री-
विकल-अंग कल गगन-बिहारी।

22 जनवरी, '50

37

बाँधो न नाव इस ठाँव, बन्धु!
पूछेगा सारा गाँव, बन्धु!

यह घाट वही जिस पर हँसकर,
वह कभी नहाती थी धँसकर,
आँखें रह जाती थीं फँसकर,
कँपते थे दोनों पाँव, बन्धु!

वह हँसी बहुत कुछ कहती थी,
फिर भी अपने में रहती थी,
सबकी सुनती थी, सहती थी,
देती थी सबके दाँव, बन्धु!

23 जनवरी, '50

38

गिरते जीवन को उठा दिया
तुमने कितना धन लुटा दिया!

सूखी आशा की विषम फाँस,
खोलकर साफ की गाँस-गाँस,
छन-छन, दिन-दिन, फिर मास-मास
मन की उलझन से छुटा दिया।

बैठाला ज्योतिर्मुख करकर,
खोली छवि तमस्तोम हरकर,
मानस को मानस में भरकर,
जन को जगती से खुटा दिया।

पञ्जर के निर्जर के रथ से,
सन्तुलिता को इति से, अथ से,
वरने को, वारण के पथ से,
काले तारे को टुटा दिया।

23 जनवरी, '50

39

धीरे-धीरे हँसकर आयीं,
प्राणों की जर्जर परछायीं।

छाया-पथ घनतर से घनतम,
होता जो गया पंक-कर्दम,
ढकता रवि आँखों से सत्तम,
मृत्यु की प्रथम आभा भायीं।

क्या गले लगाना है बढ़कर,
क्या अलख जगाना अड़-अड़कर,
क्या लहराना है झड़-झड़कर,
जैसे तुम कहकर मुसकायीं।

पिछले कुल खेल समाप्त हुए,
जो नहीं मिले वर प्राप्त हुए,
बीसों विष जैसे व्याप्त हुए,
फिर भी न कहीं तुम घबरायीं।

23 जनवरी, '50

40

निविड़ विपिन, पथ अराल;
भरे हिंस्र जन्तु-व्याल।

मारे कर अन्धकार,
बढ़ता है अनिर्वार,
द्रुम, वितान-नहीं पार,
कैसा है जटिल जाल।

नहीं कहीं सुजलाशय,
सुस्थल गृह, देवालय,
जगता है केवल भय,
केवल छाया विशाल।

अन्धकार के दृढ़ कर
बँधा जा रहा जर्जर,
तन उन्मीलन निःस्वर,
मन्द्र-चरण मरण-ताल।

23 जनवरी, '50

41

सुरतरु वर शाखा
खिली पुष्प भाषा।

मीलित नयनों जपकर
तन से क्षण-क्षण तपकर
तनु के अनुताप प्रखर,
पूरी अभिलाषा।

बरसे नव वारिद वर,
द्रुम पल्लव-कलि-फलभर
आनत हैं अवनी पर
जैसी तुम आशा।

भावों के दल, ध्वनि, रस
भरे अधर-अधर सुवश,
उभरे, उर-मधुर परस,
हँसी केश-पाशा।

23 जनवरी, '50

42

तुम ही हुए रखवाल
तो उसका कौन न होगा?
फूली-फूली तरु-डाल
तो उसका कौन न होगा?

कान पड़ी है खटाई
तो उसकी कौन मिताई
और हिये जयमाल
तो उसका कौन न होगा?

जिसने किया है किनारा
उसी का दलबल हारा,
और हुए तुम ढाल
तो उसका कौन न होगा?

23 जनवरी, '50

43

वेदना बनी:
मेरी अवनी।

कठिन-कठिन हुए मृदुल
पद-कमल विपद संकुल
भूमि हुई शयन-तुमुल
कण्टकों घनी।

तुमने जो गही बाँह,
वारिद की हुई छाँह,
नारी से हुई नाह,
सुकृत जीवनी।

पार करो यह सागर
दीन के लिए दुस्तर,
करुणामयि, गहकर कर,
ज्योतिर्धमनी।

24 जनवरी, '50

44

आँख बचाते हो
तो क्या आते हो ?

काम हमारा बिगड़ गया
दिखा रूप जब कभी नया;
कहाँ तुम्हारी महा दया?
क्या क्या समझाते हो?–
आँख बचाते हो।

लीक छोड़कर कहाँ चलूँ?
दाने के बिना क्या तलूँ?
फूला जब नहीं क्या फलूँ?
क्या हाथ बटाते हो?–
आँख बचाते हो।

2 जनवरी, '50

45

हरि का मन से गुणगान करो,
तुम और गुमान करो, न करो।
स्वर-गङ्गा का जल पान करो,
तुम अन्य विधान करो, न करो।

निशिवासर ईश्वर ध्यान करो,
तुम अन्य विमान करो, न करो।
ठग को जग-जीवन-दान करो,
तुम अन्य प्रदान करो, न करो।

दुख की निशि का अवसान करो,
उपमा, उपमान करो, न करो।
प्रिय नाह की बाँह का थान करो,
तुम और वितान करो, न करो।

24 जनवरी, '50

46

खुलकर गिरती है
जो, उड़ती फिरती है।

ऐसी ही एक बात चलती है,
घात खड़ी-खड़ी हाथ मलती है,
तभी सह-सही दाल गलती है
(जो) तिरती- तिरती है।

काम इशारा नहीं आया तो
जैसी माया हो, छाया हो।
मुसकाया, मन को भाया जो,
उससे सिरती है।

विगलित जो हुआ दाप से दर
प्राणों को मिला शाप से वर;
गिरि के उर से मृदु-मन्द्र-स्वर,
सरिता झिरती है।

24 जनवरी, '50

47

तन, मन, धन, वारे हैं:
परम-रमण, पाप-शमन,
स्थावर-जङ्गम-जीवन ;
उद्दीपन, सन्दीपन,
सुनयन रतनारे हैं।

उनके वर रहे अमर
स्वर्ग-धरा पर संचर,
अक्षर-अक्षर अक्षर,
असुर अमित मारे हैं।

दूर हुआ दुरित, दोष
गूँजा है विजय-घोष,
भक्तों के आशुतोष,
नभ-नभ के तारे हैं।

25 जनवरी, '50

48

वे कह जो गये कल आने को,
सखि, बीत गये कितने कल्पों।
खग-पाँख-मढ़ी मृग-आँख लगी,
अनुराग जगी दुख के तल्पों।

उनकी जो रही, बस की न कही,
रस की रसना अशना न रही,
विपरीत की टेक न एक सही,
दिन बीत चले अल्पों - अल्पों।

उनकी जग उर-उर भय भसका,
उनके मग में जय-जय मसका,
उनके डग से कुछ क्षय धसका,
पर दरस गये जल्पों-जल्पों।

25 जनवरी, '50

49

मानव का मन शान्त करो हे!
काम, क्रोध, मद, लोभ, दम्भ से
जीवन को एकान्त करो हे!

हिलें वासना-कृष्ण-तृष्ण उर,
खिलें विटप छाया-जल-सुमधुर,
गूँजे अलि-गुञ्जन के नूपुर,
निज-पुर-सीमा-प्रान्त करो हे!

विहग-विहग नव गगन हिला दे,
गान खुले-कण्ठ-स्वर गा दे,
नभ-नभ कानन-कानन छा दे,
ऐसे तुम निष्क्रान्त करो हे!

रूखे-मुख की रेखा सोये,
फूट-फूटकर माया रोये,
मानस - सलिल - मलिनता धोये,
प्रति मग से आक्रान्त करो हे!

26 जनवरी, '50

50

नव तन कनक-किरण फूटी है।
दुर्जय भय-बाधा छूटी है।

प्रात धवल-कलि गात निरामय
मधु मकरन्द-गन्ध विशदाशय,
सुमन-सुमन, वन-मन अमरण-क्षय,
सिर पर स्वर्गाशिस टूटी है।

वन के तरु की कनक-बान की
बल्ली फैली तरुण-प्राण की,
निर्जल-तरु उलझे वितान की
गत-युग की गाथा छूटी है।

24 जनवरी, '50

51

घन तम से आवृत धरणी है;
तुमुल तरंगों की तरणी है।

मन्दिर में बन्दी हैं चारण,
चिघर रहे हैं वन में वारण,
रोता है बालक निष्कारण,
बिना - सरण - सारण भरणी है।

शत संहत आवर्त-विवर्तों,
जल पछाड़ खाता है पर्तों
उठते हैं पहाड़, फिर गर्तों
धँसते हैं, मारण-रजनी है।

जीर्ण-शीर्ण होकर जीती है,
जीवन में रहकर रीती है,
मन की पावनता पीती है,
ऐसी यह अकाम सरणी है।

24 जनवरी, '50

52

नव जीवन की बीन बजायी।
प्रात रागिनी क्षीण बजायी।

घर-घर नये-नये मुख, नव कर,
भरकर नये-न्रये गुञ्जित स्वर,
नर को किया नरोत्तम का वर,
मीड़ अनीड़ नवीन बजायी।

वातायन-वातायन के मुख
खोली कला विलोकन-उत्सुक,
लोक-लोक आलोक, दूर दुख,
आगम-रीति प्रवीण बजायी।

24 जनवरी, '50

53

पाप तुम्हारे पाँव पड़ा था,
हाथ जोड़कर ठाँव खड़ा था।

विगत युगों का जंग लगा था,
पहिया चलता न था, रुका था,
रगड़ कड़ी की थी, सँवरा था,
पथ चलने का काम बड़ा था।

जड़ता की जड़ तक मारी थी,
ऐसी जगने की बारी थी,
मंजिल भी थककर हारी थी,
ऐसे अपने नाँव चढ़ा था।

सभी उहार उतार दिये थे,
फिर से पट्टे श्वेत सिये थे,
तीन - तीन के एक किये थे,
किसी एक अपवर्ग मढ़ा था।

24 जनवरी, '50

54

•••

क्यों मुझको तुम भूल गये हो?
काट डाल क्या, मूल गये हो।

रवि की तीव्र किरण से पीकर
जलता था जब विश्व प्रखरतर,
तुम मेरे छाया के तरु पर
डाल पवन से धूल गये हो।

विफल हुई साधना देह की,
असफल आराधना स्नेह की,
बिना दीप की रात गेह की,
उल्टे फलकर फूल गये हो।

नहीं ज्ञात, उत्पात हुआ क्यों,
ऐसा निष्ठुर घात हुआ क्यों,
विमल – गात अस्नात हुआ क्यों,
बढ़ने को प्रतिकूल हो गये?

25 जनवरी, '50

55

तुमसे जो मिले नयन
दूर हुए दुरित-शयन।

खिले अंग-अंग अमल,
सर के प्रात: शतदल
पावन - पवनोत्कल - पल,
अलक - मन्द - गन्ध - वयन।

खग - कुल - कल - कण्ठ - राग
फूटे नग, नगर बाग,
अधर-विधुर छुटे दाग,
कर - कर सित - सुमन - चयन।

अखिल के न खिले हुए,
खुले हिले-मिले हुए,
एक ताग सिले हुए
आये हो एक अयन।

25 जनवरी, '50

56

वन-वन के झरे पात,
नग्न हुई विजन-गात।

जैसे छाया के क्षण,
हँसा किसी को उपवन,
अब कर-पुट विज्ञापन,
क्षमापन, प्रपन्न प्रात।

करुणा के दान-मान,
फूटे नव पत्र-गान,
उपवन-उपवन समान,
नवल - स्वर्ग - रश्मि - जात।

25 जनवरी, '50

57

तुमने स्वर के आलोक-ढले
गाये हैं गाने गले-गले।

बचकर भव की भंगुरता से
रागों के सुमनों के बासे,
रँग-रेणु गन्ध के वे भासे,
मीड़ों के नीड़ों से निकले।

नश्वरता पर सस्वर छाये
जैसे पल्लव के दल आये,
वन के वसन्त के मन भाये
जैसे जन बैठे छाँह-तले।

बोले, अब अपना पथ सूझा,
भूला जीवन-प्रकरण बूझा,
प्रबल से प्रबलतर अरि जूझा,
रोके जो सहसा चक्र चले।

6 फरवरी, '50

58

लिया-दिया तुमसे मेरा था,
दुनिया सपने का डेरा था।

अपने चक्कर से कुल कट गये,
काम की कला से हट-हट गये,
छापे से तुम्हीं निपट पट गये,
उलटा जो सीधा ढेरा था।

सही आँख तुम्हीं दिखे पहले,
नहले पर तुम्हीं रहे दहले,
बहते थे जितने थे बहले,
किसी जीभ तुमको टेरा था।

तभी किनारे लगा दिया है,
जहाँ करारा गिरा दिया है,
कैसा तुमने तरा दिया है,
गहरा भँवरों का फेरा था।

6 फरवरी, '50

59

गीत गाने दो मुझे तो,
वेदना को रोकने को।

चोट खाकर राह चलते
होश के भी होश छूटे,
हाथ जो पाथेय थे, ठग-
ठाकुरों ने रात लूटे,
कण्ठ रुकता जा रहा है,
आ रहा है काल देखो।

भर गया है जहर से
संसार जैसे हार खाकर,
देखते हैं लोग लोगों को
सही परिचय न पाकर,
बुझ गयी है लौ पृथा की,
जल उठो फिर सींचने को।

6 फरवरी, '50

60

सहज-सहज कर दो:
सकलश रस भर दो।
ठग ठगकर मन को
लूट गये धन को,
ऐसा असमंजस, धिक
जीवन-यौवन को:
निर्भर हूँ, वर दो।

जगज्जाल छाया,
माया ही माया,
सूझता नहीं है पथ
अन्धकार आया;
तिमिर-भेद शर दो।

6 फरवरी, '50

61

वासना - समासीना
महती जगती दीना।

जलद - पयोधर - भारा,
रवि - शशि - तारक - हारा,
व्योम - मुखच्छवि सारा
शतधारा पथ - हीना।

ऋषिकुल - कल - कण्ठस्तुति,
दिव्य - शस्य - सकलाहुति,
निगमागम - शास्त्रश्रुति
रासभ - वासव - वीणा।

6 फरवरी, '50

62

ये दुख के दिन
काटे हैं जिसने
गिन-गिनकर
पल-छिन तिन-तिन।
आँसू की लड़ के मोती के
हार पिरोये,
गले डालकर प्रियतम के
लखने को शशिमुख
दु:खनिशा में
उज्ज्वल अमलिन।

6 फरवरी, '50

62

हार तुमसे बनी है जय,
जीत की जो चक्षु में क्षय।

विषम कम्पन बली के उर,
सदुन्मोचन छली के पुर,
कामिनी के अकल नूपुर,
भामिनी के हृदय में भय।

रच गये जो अधर अनरुण,
बच गये जो विरह-सकरुण,
अनसुने जो सच गये सुन,
जो न पाया, मिला आशय।

क्षणिकता चिर-धनिक की है,
पणिकता जग-वणिक की है,
राशि जैसे कणिक की है,
वाम जैसे है निरामय।

7 फरवरी, '50

64

अट नहीं रही है
आभा फागुन की तन
सट नहीं रही है।

कहीं साँस लेते हो,
घर-घर भर देते हो,
उड़ने को नभ में तुम
पर-पर कर देते हो,
आँख हटाता हूँ तो
हट नहीं रही है।
पत्तों से लदी डाल
कहीं हरी, कहीं लाल,
कही पड़ी है उर में
मन्द - गन्ध - पुष्प माल,
पाट-पाट शोभा-श्री
पट नहीं रही है।

7 फरवरी, '50

65

कुञ्ज - कुञ्ज कोयल बोली है,
स्वर की मादकता घोली है।

काँपा है घन पल्लव-कानन,
गूँजी गुहा श्रवण-उन्मादन,
तने सहज छादन-आच्छादन,
नस ने रस-वशता तोली है।

गृह-वन जरा-मरण से जीकर,
प्राणों का आसव पी-पीकर,
झरे पराग-गन्ध-मधु-शीकर,
सुरभित पल्लव की चोली है।

तारक-तनु रवि के कर सञ्चित,
नियमित अभिसारक जीवित सित,
आमद-पद-भर मञ्जु-गुञ्जरित,
अलिका की कलिका डोली है।

6 फरवरी, '50

66

कौन गुमान करो जिन्दगी का ?
जो कुछ है कुल मान उन्हीं का ।

बाँधे हुए घर-बार तुम्हारे,
माथे है नील का टीका,
दाग़-दाग़ कुल अंग स्याह हैं,
रंग रहा है फीका–
तुम्हारा कोई न जी का।

एक भरोसा, एक सहारा,
वारा-न्यारा बन्दगी का,
ज्ञान गठा कब, मान हुआ कब,
ध्यान गया जब पी का,
बना कब आन किसी का ?

7 फरवरी, '50

67

छोड़ दो, न छेड़ो टेढ़े,
कब बसे तुम्हारे खेड़े?

यह राह तुम्हारी कब की,
जिसको समझे हम सब की?
ग़म खा जाते हैं अब की,
तुम ख़बर करो इस ढब की,
हम नहीं हाथ के पेड़े।

सब जन आते-जाते हैं,
हँसते हैं, बतलाते हैं,
आपस में इठलाते हैं,
अपना मन बहलाते हैं,
तुमको खेने हैं बेड़े।

7 फरवरी, '50

68

•••

प्रिय के हाथ लगाये जागी,
ऐसी मैं सो गयी अभागी।

हरसिंगार के फूल झर गये,
कनक रश्मि से द्वार भर गये,
चिड़ियों के कल कण्ठ मर गये,
भस्म रमाकर चला विरागी।

शिशु-गण अपने पाठ हुए रत,
गृही निपुण गृह के कर्मों नत,
गृहिणी स्नान-ध्यान को उद्यत,
भिक्षुक ने घर भिक्षा माँगी।

7 फरवरी, '50

69

तार-तार निकल गये,
देखा जब नये-नये।

तड़के जो गठे बन्द,
काँपा उर मधुर छन्द,
गूँजी ध्वनि मन्द-मन्द,
देह हुई शिथिल अये!

आँखों की खुली गली,
मिली कलित-गन्ध कली,
भीतर जो रही छली,
अंग सुरभि-रंग छये।

बन्द हो गया प्रलाप,
प्रशमित हो गया ताप,
धुला-धुला मिला पाप,
किरण-मुखर मुख उनये।

10 फरवरी, '50

70

लघु तटिनी, तट छायीं कलियाँ;
गूँजी अलियों की आवलियाँ।

तरियों की परियाँ हैं जल पर,
गाती हैं खग-कुल-कल-कल-स्वर,
तिरती हैं सुख-सुकर पंख-भर,
रूम घूमकर सुघर मछलियाँ।

जल-थल-नभ आनन्द-भास है,
किसी विश्वमय का विकास है,
सलिल अनिल ऊर्मिल विलास है,
निस्तल-गीति-प्रीति की तलियाँ।

परिचय से सञ्चित सारा जग,
राग-राग से जीवन जगमग,
सुख के उठते हैं पुलकित डग,
रह जाती हैं अपल पुतलियाँ।

10 फरवरी, '50

71

हार गयी मैं तुम्हें जगाकर,
धूप चढ़ी प्रखर से प्रखरतर

वर्जन के जो वज्र-द्वार हैं,
क्या खुलने के भी किंवार हैं ?
प्राण पवन से पार-पार हैं,
जैसे दिनकर निष्कर, निश्शर।

पञ्च विपञ्ची से विहीन हैं;
जैसे जन आयु से क्षीण हैं;
सभी विरोधाभास पीन हैं,
असमय के जैसे धाराधर।

10 फरवरी, '50

72

तरणि तार दो
अपर पार को।

खे-खेकर थके हाथ,
कोई भी नहीं साथ,
श्रम-शीकर-भरा माथ,
बीच - धार, ओ!

पार किया तो कानन,
मुरझाया जो आनन,
आओ हे निर्वारण,
बिपत बार लो।

पड़ी भँवर-बीच नाव,
भूले हैं सभी दाँव,
रूकता है नहीं राव—
सलिल-सार, ओ!

10 फरवरी, '50

73

गीत गाये हैं मधुर-स्वर,
किरण-कर वीणा नवलतर।

ताकते हैं लोग, आये
कहाँ तुम, कैसे सुहाये,
अनन्तर अन्तर समाये,
कठिन छिपकर, सहज खुलकर

कान्त है कान्तार दुर्मिल,
सुघर स्वर से अनिल ऊर्मिल
भीड़ से शत-मोह घूर्मिल,
तार से तारक, कलाधर।

छा गया जैसे अखिल भव,
द्रुमों से जागा यथा दव,
ऋतु-कुसुम से गन्ध, आसव,
उषा से जैसे कनक-कर।

10 फरवरी, '50

74

हँसो अधर-धरी हँसी,
बसो प्राण - प्राण - बसी।

करुणा के रस उर्वर,
कर दो ऊसर - ऊसर,
दुख की सन्ध्या धूसर,
हीरक - तारकों - कसी।

मोह छोह से भर दो,
दिशा देश के स्वर हो,
परास्पर्श दो पर को,
शरण वरण-लास-लसी।

चरण मरण - शयन - शीर्ण,
नयन ज्ञान - किरण - कीर्ण,
स्नेह देह - दहन - दीर्ण,
रहन विश्व - वास - फँसी।

10 फरवरी, '50

75

कठिन यह संसार, कैसे विनिस्तार?
ऊर्मि का पाथार कैसे करे पार?

अयुत भंगुर तरंगों टूटता सिन्धु,
तुमुल-जल-बल-भार, क्षार-तल, कुल बिन्दु,
तट-विटप लुप्त, केवल सलिल-संहार।

ऋतु-वलय सकल शय नाचते हैं यहाँ,
देख पड़ता नहीं, आँचते हैं यहाँ,
सत्य में झूठ, कुहरा-भरा संभार।

10 फरवरी, '50

76

नील जलधि जल,
नील गगन - तल,
नील कमल - दल,
नील नयन द्वय।

नील मृत्ति पर,
नील मृत्यु - शर,
नील अनिल - कर,
नील निलय - लय।

नील मोर के,
नील नृत्य रे,
नील कृत्य से,
नील शवाशय।

नील कुसुम - मग,
नील नग्न - नग,
नील शील - जग,
नील कराभय।

11 फरवरी, '50

77

क्या सुनाया गीत, कोयल!
समय के समधीत, कोयल!

मञ्जरित हैं कुञ्ज, कानन,
जानपद के पुञ्ज – आनन,
वर्ष के कर हर्ष के शर
बिंध गया है शीत, कोयल!

कामना के नयन वञ्चित,
रुचिर रचनाकरों-सञ्चित,
मधुर मधु का तथ्य, अथवा
पथ्य है नवनीत, कोयल!

11 फरवरी, '50

78

भजन कर हरि के चरण, मन!
पार कर मायावरण, मन!

कलुष के कर से गिरे हैं
देह-क्रम तेरे फिरे हैं,
विपथ के रथ से उतरकर
बन शरण का उपकरण, मन!

अन्यथा है वन्य कारा
प्रबल पावस, मध्य धारा,
टूटते तन से पछड़कर
उखड़ जायेगा तरण, मन!

11 फरवरी, '50

79

अनमिल – अनमिल मिलते
प्राण, गीत तो खिलते।

उड़ती हैं छुट – छुटकर
आँखें मन के नभ पर
और किसी मणि के घर
झिलमिल सुख से हिलते।

किससे मैं कहूँ व्यथा–
अपनी जित–विजित कथा?
होगी भी अनन्यथा
छन की लौ के झिलते?

11 फरवरी, '50

80

मुँदे नयन, मिले प्राण
हो गया निशावसान।

जगते - जग के कलरव,
सोये, उर के उत्सव,
मन्द हुए स्पन्दित जव,
मिले कण्ठ-कण्ठ गान।

एक हुए दोनों वर,
ईश्वर के अविनश्वर,
पार हुए घर-प्रान्तर,
अन्तर में निरवमान!

ज्ञान-सूत्र में मिलकर,
स्वर्ग से चढ़े ऊपर,
जहाँ नहीं नर, न अमर-
सुन्दरता का विधान।

11 फरवरी, '50

81

जननि, मोह की रजनी
पार कर गयी अवनी।

तोरण - तोरण साजे,
मंगल - बाजे बाजे,
जन - गण - जीवन राजे,
महिलाएँ बनीठनीं।

साड़ी के खिले मोर,
रेशम के हिले छोर,
शिञ्जित हैं बोर - बोर,
चमकी है कनी - कनी।

क्षिति पर हैं लौह-यान,
गगन विकल हैं विमान,
थल पर है उथल-पुथल,
जल पर तैरी तरणी।

12 फरवरी, '50

82

उनसे संसार,
भव – वैभव – द्वार।

समझो वर निर्जर रण;
करो बार बार स्मरण,
निराकार करण – हरण,
शरण, मरण पार।

रवि की छवि के प्रभात,
ज्योति के अदृश्य गात,
गन्ध – मन्द – पवन – जात,
उर – उर के हार।

12 फरवरी, '50

83

मधुर स्वर तुमने बुलाया,
छद्म से जो मरण आया।

बो गयी विष वायु पच्छिम,
मेघ के मद हुई रिमझिम,
रागिनी में मृत्युः द्रिमद्रिम,
तान में अवसान छाया।

चरण की गति में विरत लय,
साँस में अवकाश का क्षय,
सुषमता में असम सञ्चय,
वरण में निश्शरण गाया।

12 फरवरी, '50

84

गवना न करा।
खाली पैरों रास्ता न चला।

कँकरीली राहें न कटेंगी,
बेपर की बातें न पटेंगी,
काली मेघनियाँ न फटेंगी,
ऐसे-ऐसे तू डग न भरा।

कुछ भी न बता तू रहा पता,
सपने-सपने दे रहा धता,
जो पूरा - पूरा माल-मता,
मुरझा न जायगा बाग़ हरा।

12 फरवरी, '50

85

कैसे हुई हार तेरी निराकार,
गगन के तारकों बन्द हैं कुल द्वार?

दुर्ग दुर्धर्ष यह तोड़ता है कौन?
प्रश्न के पत्र, उत्तर प्रकृति है मौन;
पवन इंगित कर रहा है – निकल पार।

सलिल की ऊर्मियों हथेली मारकर
सरिता तुझे कह रही है कि कारगर
बिपत से वारकर जब पकड़ पतवार।

क्षिति के चले सीत कहते विनत भाव–
जीवन बिना अन्न के है विपन्नाव;
कैसे दुसह द्वार से करे निर्वार?

12 फरवरी, '50

86

तुम आये, कनकाचल छाये,
ऐ नव-नव किसलय फैलाये।
शतशत वल्लरियाँ नत - मस्तक,
झुककर पुष्पाधर मुसकाये।

परिणय अगणन यौवन-उपवन,
संकुल फल के गुञ्जन भाये;
मधु के पावन सावन सरसे,
परसे जीवन-वन मुरझाये।

रवि-शशि-मण्डल, तारा-ग्रह-दल
फिरते पल-पल दृग-दृग छाये,
मूर्छित गिरकर जो अनृत अकर,
सुषमा के वर सर लहराये।

13 फरवरी, '50

87

खोले अमलिन जिस दिन
नयन विश्व जन के,
दिखी भारती की छवि,
बिके लोग धन के।

तन की छुट गयी सुरत,
रुके चरण मायामत,
रोग-शोक-लोक वितत
उठे नये रण के।

तटिनी के तीर खड़े
खम्भे थे, वीर बड़े,
मेरु के करार चढ़े,
श्रम के यौवन के।

13 फरवरी, '50

88

तू दिगम्बर, विश्व है घर
ज्ञान तेरा सहज वर कर।
शोकसारण करणकारण,
तरणतारण विष्णु-शंकर।

अमित सित के असित चित के,
त्वरित हित के राम वा नर,
लक्षणासन संग लक्ष्मण
वासनारण - प्रहर - खर शर।

गति अनाहत, तू सखा मत,
सहज संयत, रे अकातर,
ध्यान के सम्मान में रत
ज्ञान के शतपथ-चराचर।

13 फरवरी, '50

89

कौन फिर तुझको बरेगा
तू न जब उस पथ मरेगा?

निखिल के शर शत्रु हनकर,
क्षत भले कर क्षत्र बनकर,
तू चला जब तक न तनकर,–
धर्म का ध्वज कर न लेगा।

देश के अवशेष के रण
शमन के प्रहरण दिया तन
तो हुआ तू शरणशारण,
विश्व तेरे यश भरेगा।

मिलेंगे जन अशंकित मन
खिलेंगे निश्शेष-चेतन,
विषद-वासों के विभूषण,
चरण के तल, तू तरेगा।

14 फरवरी, '50

90

हरिण - नयन हरि ने छीने हैं।
पावन रँग रग - रग भीने हैं।

जिती न-चहती माया महती,
बनी भावना सहती - सहती,
भीतर धँसी साधना बहती,
सिले छेद जो तन सीने हैं,

जाने जन जो मरे जिये थे,
फिरे सुकृत जो लिये दिये थे,
हुए हिये जो मान किये थे,
पटे सुहसन, बसन झीने हैं।

14 फरवरी, '50

91

हुए पार द्वार-द्वार
कहीं मिला नहीं तार।

विश्व के समाराधन
हँसे देखकर उस क्षण,
चेतन जनगण अचेत
समझे क्या जीत हार?

काँटों से विक्षत पद,
सभी लोग अवशम्वद,
सूख गया जैसे नद
सुफलभार सुजलधार।

केवल है जन्तु-कवल
गयी तन्तु नवल-धवल
छूटा छोर का सम्बल,
टूटा उर-सुघर हार।

14 फरवरी, '50

92

पथ पर बेमौत न मर,
श्रम कर तू विश्रम-कर।

उठा उठा करद हाथ,
दे दे तू वरद साथ,
जग के इस सजग प्रात
पात - पात किरनें भर।

बढ़ा बढ़ा कर के तन,
जगा जगा निश्चेतन,
भगा भीरु जीवन-रण
सर-सर से उभर सुघर।

चलते-चलते छुटकर
द्रुम की मधुलता उतर
विधुर स्पर्श कर पथ पर
युवा-युवतियों के सर।

14 फरवरी, '50

93

कनक कसौटी पर कढ़ आया
स्वच्छ सलिल पर कर की छाया।

मान गये जैसे सुनकर जन
मन के मान अवश्रित प्रवचन,
जो रणमद पद के उत्तोलन,
मिलते ही काया से काया।

चले सुपथ सत्य को सँवरकर
उचित बचा लेने को टक्कर,
तजने को जीवित अविनश्वर,
मिलती जो माया से माया।

वाद-विवाद गाँठकर गहरे
बायें सदा छोड़कर बहरे,
कथा व्यथा के, गाँव न ठहरे,
सत् होकर जो आया, पाया।

14 फरवरी, '50

94

साध पुरी, फिरी धुरी।
छुटी गैल - छैल - छुरी।

अपने वश हैं सपने,
सुकर बने जो न बने,
सीधे हैं कड़े चने,
मिली एक एक कुरी।

सबकी आँखों उतरे
साख - साख से सुथरे,
सुए के हुए खुथरे
ऊपर से चली खुरी।

सज-धजकर चले-चले
भले - भले गले-गले
थे जो इकले - दुकले
बातें थीं भली - बुरी।

14 फरवरी, '50

95

पतित हुआ हूँ भव से तार;
दुस्तर दव से कर उद्धार।

तू इंगित से विश्व अपरिमित
रच-रचकर करती है अवसित,
किस काया से किस छायाश्रित,
मैं बस होता हूँ बलिहार।

समझ में न आया तेरा कर
भर देगा या ले लगा हर,
सीस झुकाकर उन चरणों पर,
रहता हूँ भय से इस पार।

रुक जाती है वाणी मेरी,
दिखती है नादानी मेरी,
फिर भी मति दीवानी मेरी,
कहती है, तू ठेक उतार।

16 फरवरी, '50

96

पतित पावनी, गंगे!
निर्मल - जल - कल - रंगे!

कनकाचल - विमल धुली,
शत - जनपद - प्रगद - खुली,
मदन-मद न कभी तुली
लता - वारि - भ्रू भंगे!

सुर - नर - मुनि - असुर - प्रसर
स्तव रव - बहु गीत - विहर
जल - धारा - धाराधर-
मुखर, सुकर - कर - अंगे!

16 फरवरी, '50

97

चरण गहे थे, मौन रहे थे,
विनय वचन बहु-रचन कहे थे।

भक्ति-आँसुओं पद पखारकर,
नयन-ज्योति आरति उतारकर,
तन-मन-धन सर्वस्व वारकर,
अमर विचाराधार बहे थे।

आस लगी है जी की जैसी
खण्डित हुई तपस्या वैसी,
विरति सुरति में आयी कैसी,
कौन मान-उपमान लहे थे।

ठोकर गली गली की खायी
जगती से न कभी बन आयी,
रहे तुम्हारी एक सगायी,
इसीलिए कुल ताप सहे थे।

17 फरवरी, '50

98

विपद-भय-निवारण करेगा वही सुन,
उसी का ज्ञान है, ध्यान है मान - गुन।

वेग-चल, वेग चल, आयु घटती हुई,
प्रमुद-पद की सुखद वायु कटती हुई;
जल्पना छोड़ दे जोड़ दे ललित धुन।

सलिल में मीन है मग्न, मनु अनिल में
सीखने के लिए ज्ञान है अखिल में,
विमल अनवद्य की भावना सद्य चुन।

अन्यथा सकल आराधना शून्य है,
मृत्तिका भाप है, पाप भी पुण्य है,
भेद की आग में व्यर्थ अब तो न भुन।

17 फरवरी, '50

99

श्याम-श्यामा के युगल पद
कोकनद मन के विनिर्मद।

हृदय के चन्दन सुखाशय,
नयन के वन्दन निरामय,
निश्शरण के निर्गमन के
गगन-छाया-तल सदाश्रय,
उषा की लाली लगे दुख के,
जगे के योग के गद।

नन्द के आनन्द के घन,
बाधना के साध्य-साधन,
शेष के अवशेष के फल
ज्योति के संवलित जीवन,
प्राण के आदान के बल,
मान के मन के वशंवद!

17 फरवरी, '50

100

काम के छवि – धाम
शमन प्रशमन राम!

सिन्धुरा के सीस
सिन्दूर, जगदीश,
मानव सहित – कीश,
सीता – सती – नाम।

अरि – दल – दलन – कारि,
शंकर, समनुसारि
पद – युगल – तट – वारि
सरिता, सकल याम।

शेष के तल्प कल
शयन अवशेष – पल,
चयन – कलि – गन्ध – दल
विश्व के आराम।

17 फरवरी, '50

101

हे जननि, तुम तपश्चरिता,
ज़गत की गति, सुमति भरिता।

कामना के हाथ थककर
रह गये मुख विमुख बककर,
निःस्व के उर विश्व के सुर
बह चली हो तमस्तरिता।

विवश होकर मिले शंकर,
कर तुम्हारे है विजय वर,
चरण पर मस्तक झुकाकर
शरण हूँ, तुम मरण सरिता।

17 फरवरी, '50

102

मुक्तादल जल बरसो, बादल,
सरिसर कलकल सरसो, बादल!

शिखि के विशिख चपल नर्तन वन,
भरे कुञ्जद्रुम षटपद गुञ्जन,
कोकिल-काकलि-जित कल कूजन,
सावन पावन परसो, बादल!

अनियारे दृग के तारे द्वय,
गगन-धरा पर खुले असंशय,
स्वर्ग उतर आया था निर्भय,
छबि-छबि से यों दरसो, बादल!

बदले क्षिति से नभ, नभ से क्षिति,
अमित रूपजल के सुख मुख मिति,
जीवन की जित-जीवन संचिति,
उत्सुक दुख-दुख हरसो, बादल!

14 अगस्त, '50

103

गगन गगन है गान तुम्हारा
घन घन जीवनयान तुम्हारा।

नयन नयन खोले हैं यौवन,
यौवन यौवन बाँधे सुनयन,
तन तन मन साधे मन मन तन,
मानव मानव मान तुम्हारा।

क्षिति को जल, जल को सित उत्पल,
उत्पल को रवि, ज्योतिर्मण्डल,
रवि को नील गगनतल पुष्कल,
विद्यमान है दान तुम्हारा।

बालों को क्रीड़ाप्रवाल हैं,
युवकों को तनु, कुसुम-माल हैं,
वृद्धों को तप, आलबाल हैं,
छुटा-मिला जप-ध्यान तुम्हारा।

14 अगस्त, '50

104

बीन वारण के वरण घन
जो बजी वर्षित तुम्हारी,
तार तनु की नाचती उतरी
परी, अप्सरकुमारी।

लूटती रेणुओं की निधि।
देखती निज देश वारिधि,
बह चली सलिला अनवसित
ऊर्मिला, जैसे उतारी।

चतुर्दिक छन-छन छनन-छन,
बिना नूपुर के रणन-रण,
वीचि के फिर शिखर पर,
फिर गर्त पर, फिर सुध बिसारी।

14 अगस्त, '50

105

घन आये, घनश्याम न आये।
जल बरसे आँसू दृग छाये।

पड़े हिंडोले, धड़का आया,
बढ़ी पैंग, घबरायी काया,
चले गले, गहरायी छाया,
पायल बजे, होश मुरझाये।

भूले छिन, मेरे न कटे दिन,
खुले कमल, मैंने तोड़े तिन,
अमलिन मुख की सभी सुहागिन,
मेरे सुख सीधे न समाये।

14 अगस्त, '50

106

किरणों की परियाँ मुसका दीं।
ज्योति हरी छाया पर छा दीं।

परिचय के उर गूँजे नूपुर,
थिर चितवन से चिर मिलनातुर,
विष की शत वाणी से विच्छुर,
गाँस गाँस की फाँस हिला दीं।

प्राणों की अञ्जलि से उठकर,
छा - छा कर जयोतिर्मय अम्बर,
बादल से ऋतु समय बदलकर,
बूँदों से वेदना बिछा दीं।

पादप-पादप को चेतनतर,
कर के फहराया केतनवर,
ऐसा गाया गीत अनश्वर,
कण के तन की प्यास बुझा दी।

11 जून '50

107

तुम्हारी छाँह है, छल है;
तुम्हारे बाल हैं, बल है।

दृगों में ज्योति है, शय है,
हृदय में स्पन्द है, भय है।
गले में गीत है, लय है,
तुम्हारी डाल है, फल है।

उरोरुह राग है, रति है,
प्रभा है, सहज परिणति है,
सुतनुता छन्द है, यति है,
कमल है, जाल है, जल है।

फरवरी–अगस्त, '50

108

माँ, अपने आलोक निखारो,
नर को नरक-त्रास से वारो।

विपुल दिशावधि शून्य वर्गजन,
व्याधि-शयन जर्जर मानवमन,
ज्ञान-गगन से निर्जर जीवन
करुणाकरो उतारो, तारो।

पल्लव में रस, सुरभि सुमन में,
फल में दल, कलरव उपवन में,
लाओ चारु-चयन चितवन में,
स्वर्ग धरा के कर तुम धारो

फरवरी-अगस्त, '50

109

तपन से घन, मन शयन से,
प्रात-जीवन निशि-नयन से।

प्रमद आलस से मिला है,
किरण से जलरुह किला है,
रूप शंका से सुघरतर
अदर्शित होकर खिला है,
गन्ध जैसे पवन से, शशि
रविकरों से, जन अयन से।

15 अगस्त, '50

110

चली निशि में तुम, आयीं प्रात;
नवल वीक्षण, नवकर सम्पात।

नूपुर के निक्वण कूजे खग,
हिले हीरकाभरण, पुष्प मग,
साँस समीरण, पुलकाकुल जग,
हिलते पग जलजात।

फरवरी–अगस्त, '50

111

तपी आतप से जो सित गात,
गगन गरजे घन, विद्युत पात।

पलटकर अपना पहला ओर,
बही पूर्वा छू-छू कर छोर;
हुए शीकर से निश्शर कोर,
स्निग्ध शशि जैसे मुख अवदात।

फरवरी-अगस्त, '50

112

मन मधु बन, आली!
ईरण तन की ज्योति तपन की
गगनघटा काली काली।

दमकी सौदामिनी ग्राम में
नूपुर-उर सुरधुनी धाम में,
रसरशना जो बजी नाम में,
यौवनवन वाली बाली।

सजी सुतनु तिर्यक तप-रेखा,
पंक्ति पंक्ति पर अविजित लेखा,
झुका दृगों से जिसने देखा,
तन-मन-धन पा-ली ताली।

फरवरी-अगस्त, '50